Te aroka ni kamaiu

Te korokaraki iroun Matirete Aukitino
Te korotaamnei iroun Jovan Carl Segura

Library For All Ltd.

E boutokaaki karaoan te boki aio i aan ana reitaki ae tamaaroa te Tautaeka ni Kiribati ma te Tautaeka n Aotiteeria rinanon te Bootaki n Reirei. E boboto te reitaki aio i aon katamaaroaan te reirei ibukiia ataein Kiribati ni kabane.

E boreetiaki te boki aio iroun te Library for All rinanon ana mwane ni buoka te Tautaeka n Aotiteeria.

Te Library for All bon te rabwata ae aki karekemwane mai Aotiteeria ao e boboto ana mwakuri i aon kataabangakan te ataibwai bwa e na kona n reke irouia aomata ni kabane. Noora libraryforall.org

Te aroka ni kamaiu

E moan boreetiaki 2022
E moan boreetiaki te katootoo aio n 2022

E boreetiaki iroun Library For All Ltd
Meeri: info@libraryforall.org
URL: libraryforall.org

Te korotaamnei iroun Jovan Carl Segura

Atuun te boki Te aroka ni kamaiu
Aran te tia korokaraki Aukitino, Matirete
ISBN: 978-1-922918-99-4
SKU02384

Te aroka ni kamaiu

Ngai bon kaain Kiribati,
te aba ae taotira te nii i aona.

E bon rangi ni kakaawaki
te nii irou...

Ko ataia bwa bukin teraa?
Aikai bukina...

E reke iai inaaiu.

E tuuka baerekan au kunnikai ngkana I tekateka i aontano.

E reke iai nimau.

Te moimoto, te karewe, te kateetee ao te kamwaimwai.

A kamarurung ao a kangkang.

E reke iai kanau.

Te marai, te ben ao urokauna
a kamarurung ao a kangkang.

E reke iai ara tianti.

Been aika mwau ke takataka a kona ni katineaki ao e reke iai te mwane.

E reke iai te bwainnaoraki.

Uaana, baana, botona ao wakaana a rangi ni boongana ibukin katokan aoraki aika kakaokoro.

E reke iai baan au auti.

Te baa are e mena i nuukan te banni e karaoaki mai iai bwiian te kiakia ao oon naba taian auti.

E kaboonganaaki ibukin karaoan bwaai aika kakaokoro.

Bwaai ni katamaaroa ao bwaai ni kakaakibotu.

E reke iai te rau ao
te bakatarawa.

Baana ae rarangaaki a reke
bwa katanan ao rokin te auti.

E reke iai te bwaa.

Te bwaa ae kona ni kaboonganaaki bwa kabiran te ira ao te kun.

E reke iai te aia.

Kaina, ewaninna, rooroona
aika mwau a kona n riki
bwa te aia ni kanaaiai.

E reke iai te kora.

Ewaninna e kona n taonaki bwa te kora.

E reke iai te kainiiaaki.

Nokona e kona ni karaoaki
iai te kainiiaaki.

Te nii bon te aroka ae
kakaawaki bwa a reke iai
kainanou aika mwaiti.

Bon te aroka ni kamaiu.

Ko kona ni kaboonganai titiraki aikai ni maroorooakina te boki aio ma am utuu, raoraom ao taan reirei.

Teraa ae ko reiakinna man te boki aio?

Kabwarabwaraa te boki aio.
E kaakamanga? E kakamaaku?
E kaunga? E kakaongoraa?

Teraa am namakin i mwiin warekan te boki aio?

Teraa maamaten nanom man te boki aei?

Karina ara burokuraem ni wareware
getlibraryforall.org

Rongorongoia taan ibuobuoki

E mmwammwakuri te Library For All ma taan korokaraki ao taan korotaamnei man aaba aika kakaokoro ibukin kamwaitan karaki aika raraoi ibukiia ataei.

Noora libraryforall.org ibukin rongorongo aika boou i aon ara kataneiai, kainibaaire ibukin karinan karaki ao rongorongo riki tabeua.

Ko kukurei n te boki aei?

Iai ara karaki aika a tia ni baarongaaki aika a kona n rineaki.

Ti mwakuri n ikarekebai ma taan korokaraki, taan kareirei, taan rabakau n te katei, te tautaeka ao ai rabwata aika aki irekereke ma te tautaeka n uarokoa kakukurein te wareware nakoia ataei n taabo ni kabane.

Ko ataia?

E rikirake ara ibuobuoki n te aonnaaba n itera aikai man irakin ana kouru te United Nations ibukin te Sustainable Development.

librayforall.org

www.ingramcontent.com/pod-product-compliance
Lightning Source LLC
Chambersburg PA
CBHW040323050426

42452CB00034B/2831